VEGAN

GRILLEN

Berlin, 2013.
Neun Zehn

INHALT

GRILLTIPPS

CHUTNEYS & SAUCEN

GRILL TIPPS

Grillen kann pure Sinnesfreude bedeuten: Farben und Formen von Früchten und Gemüse, verlockende Düfte, das Knistern des Feuers und vor allem der unvergleichliche Geschmack sind immer wieder ein Erlebnis.

Voraussetzung für solche Genüsse ist ein Grillgerät, kippsicher und gut geschützt vor Kindern, Haustieren und Wind aufgestellt. Nicht nur auf Holzkohlegrills, auch auf Elektro- bzw. Gasgrills gelingen köstliche, vegane Speisen. Für welches Gerät sie sich auch entscheiden, studieren sie genau die Gebrauchsanweisung!

Der noch immer beliebteste Grill ist der **Holzkohlegrill**, vielleicht, weil er ein bisschen „Lagerfeuerromantik" verbreitet, oder weil die Glut dieses charakteristische Raucharoma auf das Grillgut überträgt. Wichtig ist, dass ausschließlich Holz (vorzugsweise Buchenholz), Holzkohle oder Holzbriketts verwendet werden und sich auf deren Oberfläche eine dünne, weiße Ascheschicht gebildet hat, bevor man mit dem Grillen beginnt. Zum Anzünden nie Benzin oder Spiritus verwenden, feste **Grillanzünder** mit TÜV-Zeichen oder einfache **Holzspäne** sind bestens geeignet. Die Luxusvariante wäre der **Anzündkamin**.

Der **Gasgrill** arbeitet mit Flüssiggas, ist wesentlich schneller einsatzbereit und pflegeleichter, weil es weder Asche- noch Kohlereste zu entsorgen gibt. Er ist auch für den Balkon geeignet, weil er kaum Rauch erzeugt. Der **Elektrogrill** benötigt nur eine Steckdose und ist sofort einsatzbereit. Für lustvolles Grillen ist er allerdings nicht ganz der Richtige.

Bevor das Grillvergnügen losgeht, legen sie **Schürhaken**, eine kleine **Metallschaufel** (bei einem Holzkohlegrill), **Grillzange** und **Grillhandschuhe** zurecht. Ein guter, langstieliger **Pinsel** (mit Silikonborsten) erleichtert das Auftragen von Marinaden und Ölen. Bitte nie den Rost ölen, immer nur das Grillgut! **Grillschalen** aus Edelstahl oder Email, gestanzt oder gelocht, viereckig oder rund sind ideal für klein geschnittenes Obst und Gemüse. Die höheren Anschaffungskosten werden im Vergleich zu den auch nicht billigen Wegwerf-Alutassen schnell wettgemacht und sie sind überdies noch umweltfreundlich. Wenn sie **Alufolie** verwenden, achten sie bitte auf solche, die aus recyceltem Aluminium hergestellt wurde. Gemüse und Obst in Folie eingepackt und gegart, schmoren im eigenen Saft und bleiben dadurch sehr zart. Aber auch in **Bananenblättern** (Asiashop), **Kohl** – oder **Rhabarberblättern** lässt es sich wunderbar grillen.

Eine **gusseiserne Platte** oder ein **Pizzastein**, die man auf das Grillgitter legen kann, sind ebenfalls für sehr empfindliches Grillgut hilfreich, müssen aber nicht sein. Leckeres Essen verlangt die allerbesten Zutaten. Wählen sie zum Grillen nur Obst und Gemüse aus, die frisch aussehen und sich fest anfühlen. Geben sie saisonalen, heimischen Früchten möglichst den Vorrang. Sparen sie auch nicht bei guten **Ölen** (natives Olivenöl, Erdnussöl,...), sie helfen Gemüse und Obst, ihr wunderbares Aroma zu entfalten.

Marinaden machen Obst, Gemüse oder Tofu feiner im Geschmack. Sie werden immer aus guten Pflanzenölen und säurehaltigen Flüssigkeiten (Zitrone, Essig) zubereitet und mit frischen oder getrockneten Gewürzen und Kräutern verfeinert. Rohrzucker, Ahorn- oder Agavensirup machen Marinaden milder und helfen beim Bräunen des Grillguts. Die Marinierzeit können sie selbst bestimmen, der Geschmack wird mit der Länge intensiver. Tofu kann sogar über Nacht in der Marinade liegen, bei Obst und Gemüse reichen meist 30 Minuten. Vor dem Grillen überschüssige Marinade vorsichtig mit Küchenkrepp abtupfen. Seien sie phantasievoll und wagemutig, probieren sie auch selbst neue Möglichkeiten aus!

Jeder möchte ein Grillmeister sein und die mit viel Liebe vorbereitete Gericht sensationell auf dem

Grillrost vollenden. Auch hier macht die Übung den Meister. Es ist schwierig, genaue **Temperaturen** und verbindliche Garzeiten für jedes Grillgut anzugeben. Jeder muss selbst ausprobieren, wann für ihn das Essen „fertig" ist, ob er es lieber stark gebräunt und knusprig oder sanft gegart mag. Trotzdem ein paar grundlegende Richtlinien: Obst, Gemüse und Tofu brauchen weniger Hitze, deshalb den Grillrost auf der mittleren oder oberen Schiebeleiste einsetzen. Eine „mittlere Hitze" (180°C – 230°C) ist erreicht, wenn sie die flache Hand etwa 5 Sekunden in einem Abstand von ca. 14 cm über die glühenden Kohlen (Holzkohlegrill) halten können. Vorsicht! Bei Gas- und Elektrogrills ist die Temperatur leichter zu kontrollieren (Gebrauchsanweisung beachten). Unterschiede gibt es zwischen direkter und indirekter Hitze. **Direkte Hitze**, das Grillgut liegt direkt auf dem Rost über der Glut, bratet scharf an und ergibt eine schöne Grillzeichnung. Es sollte dabei aber kein Fett in die Glut tropfen. Grillen bei **indirekter Hitze** ist gesünder, die Glut wird an die Seiten geschoben und eine Auffangtasse unter das Grillgut gestellt. Mit einem Deckel abgedeckt können die Speisen schonender gegart werden.

Zur richtigen Hitze, perfekten Zutaten, tollen Rezepten und lieben Gästen gehört noch eine extragroße Portion Leidenschaft, die das Grillen erst zum Erlebnis macht!

Chutneys & Saucen

CHUTNEYS & SAUCEN

PFIRSICH-ANANAS-CHUTNEY MIT FENCHEL

CA. 400 G

Pfirsiche waschen, kreuzweise einschneiden, 2-3 Minuten in kochendes Wasser geben, herausnehmen, die Schale abziehen, halbieren und entkernen. Von **Ananas** harte Teile herausschneiden. Fenchel waschen, Ingwer schälen und beide fein würfeln. **Obst** in mittelgroße Würfel schneiden. **Zucker** in einem breiten Topf schmelzen lassen, mit Essig aufgießen und kurz aufkochen, bis Zucker sich aufgelöst hat. **Zitrone** auspressen und Saft mit den übrigen Zutaten zu der Essig-Zuckerlösung geben. Gut durchrühren und bei mittlerer Hitze ca. 25 – 30 Minuten köcheln lassen. Immer wieder umrühren. Das Chutney nochmals abschmecken, in gut gereinigte Gläser füllen und verschließen.

· 400 G PFIRSICHE
· 150 G ANANAS GESCHÄLT
· 100 G FENCHEL
· 60 G ZUCKER
· 20 G INGWER
· 1 ZITRONE
· 40 ML BIRNENESSIG
· 1 MESSERSPITZE CARDAMON
· 1 MESSERSPITZE ZIMT

TIPP: Chutney soll kochend heiß randvoll in gut gereinigte Gläser gefüllt werden. Die fest verschlossenen Gläser kopfüber auf die Deckel stellen und erst nach 10 Minuten umdrehen. So hält das Chutney im Kühlschrank gut einen Monat.

MANGO-APRIKOSEN-CHUTNEY MIT ZITRONENMELISSE

CA. 300 G

Aprikosen waschen, kreuzweise einschneiden, 2-3 Minuten im kochendes Wasser geben, herausnehmen, die Schale abziehen, halbieren und entkernen. **Mango**, Zwiebel und Knoblauch schälen, Mango entkernen. Aprikosen und Mango in mittelfeine Stücke schneiden. Ingwer, Zwiebel und Knoblauch fein hacken, Limette auspressen. **Rohrzucker** in einem breiten Topf schmelzen lassen, mit Essig ablöschen und kurz aufkochen, bis der Zucker sich aufgelöst hat. **Gewürze** in einem Mörser zerreiben und mit der ganzen Chilischote und den übrigen Zutaten zu der Essig-Zuckerlösung geben. Gut durchrühren und bei mittlerer Hitze ca. 20 – 25 Minuten köcheln lassen. Immer wieder umrühren und eventuell ein wenig Wasser zugießen. Das Chutney nochmals mit einer Prise Salz abschmecken, in gut gereinigte Gläser füllen und gut verschließen (siehe TIPP S. 10).

· 160 G MANGO
· 100 G APRIKOSEN
· 1 LIMETTE
· 60 G ZWIEBEL
· 1 KNOBLAUCHZEHE
· 1 KLEINE ROTE CHILISCHOTE
· 80 G ROHRZUCKER
· 1 TL SENFKÖRNER
· ½ TL ZIMT
· 1 TL GETROCKNETE ZITRONENMELISSE
· 1 EL WEISSER WEINESSIG
· SALZ

PFLAUMENCHUTNEY MIT NELKEN UND ZIMT

CA. 400 G

Pflaumen waschen und entsteinen, Ingwer schälen und fein hacken. Pflaumen und Datteln in mittelfeine Stücke schneiden. **Chilischote** von den Kernen befreien und sehr fein schneiden **Rohrzucker** in einem breiten Topf schmelzen lassen, mit Essig ablöschen und kurz aufkochen, bis der Zucker sich aufgelöst hat. Die übrigen Zutaten zu der Essig-Zuckerlösung geben. Gut durchrühren und bei mittlerer Hitze ca. 10 Minuten köcheln lassen. Immer wieder umrühren und eventuell ein wenig Wasser zugießen. Zimtstange entfernen, mit Salz und Pfeffer abschmecken und das Chutney in gut gereinigte Gläser füllen und verschließen (siehe TIPP S. 10).

- 500 G PFLAUMEN
- 20 G INGWER
- 40 G GETROCKNETE DATTELN OHNE KERN
- 1 HALBE ROTE CHILISCHOTE
- 45 G ROHRZUCKER
- 50 ML BIRNENESSIG
- ½ TL NELKENPULVER
- ½ ZIMTSTANGE
- 2 MESSERSPITZEN MUSKATNUSS
- 1 MESSERSPITZE SALZ
- PFEFFER

ROTES ZWIEBELCHUTNEY MIT FEIGEN

CA. 300 G

Zwiebeln schälen und mit Ananas und Feigen fein hacken. **Chilischote** entkernen und sehr fein schneiden. **Rohrzucker** in einem breiten Topf schmelzen lassen, mit Essig ablöschen und kurz aufkochen, bis der Zucker sich aufgelöst hat. Die übrigen Zutaten zu der Essig-Zuckerlösung geben, gut durchrühren und bei mittlerer Hitze ca. 40 Minuten köcheln lassen. Immer wieder umrühren und eventuell etwas Wasser zugießen. Lorbeerblatt entfernen, das Chutney mit Salz und Pfeffer abschmecken. In gut gereinigte Gläser füllen und verschließen (siehe TIPP S. 10).

- 200 G ROTE ZWIEBELN
- 30 G GETROCKNETE ANANAS
- 20 G GETROCKNETE FEIGEN
- ½ ROTE CHILISCHOTE
- 25 G ROHRZUCKER
- 75 ML BALSAMICOESSIG
- 1 LORBEERBLATT
- 1 GEWÜRZNELKE
- SALZ, PFEFFER

BIRNENCHUTNEY MIT DATTELN

CA. 400 G

Birnen waschen, vom Kerngehäuse befreien und grob würfeln. **Zwiebeln** und Ingwer schälen und mit den Datteln fein schneiden. **Zucker** in einem breiten Topf schmelzen lassen, mit Essig ablöschen und kurz aufkochen, bis der Zucker sich aufgelöst hat. Die übrigen Zutaten zu der Essig-Zuckerlösung geben, gut durchrühren und bei mittlerer Hitze ca. 30 Minuten köcheln lassen. Immer wieder umrühren und eventuell etwas Wasser zugießen. Das Chutney mit Salz abschmecken, in gut gereinigte Gläser füllen und verschließen (siehe TIPP S. 10).

- 280 G WEISSE ZWIEBELN
- 180 G BIRNEN
- 25 G INGWER
- 5 DATTELN OHNE KERN
- 70 G ZUCKER
- 100 ML BIRNENSAFT
- 50 ML BIRNENESSIG
- ½ TL GETROCKNETER THYMIAN
- 1 MESSERSPITZE NELKENPULVER
- SALZ

KAROTTENCHUTNEY MIT ZUCKERMELONE

CA. 400 G

Karotten waschen, schälen und mittelfein schneiden. Zuckermelone schälen, von den Kernen befreien und grob würfeln. **Orange** schälen und ebenfalls grob würfeln. Zitrone heiß abwaschen, abtrocknen und die Schale abreiben, anschließend den Saft auspressen. **Ingwer** schälen und mit den Cranberries fein hacken, Senfkörner im Mörser zerstoßen. **Rohrzucker** in einem breiten Topf schmelzen lassen, mit Essig ablöschen und kurz aufkochen, bis der Zucker sich aufgelöst hat. Die übrigen Zutaten zu der Essig-Zuckerlösung geben, gut durchrühren und bei mittlerer Hitze ca. 20 Minuten köcheln lassen. Immer wieder umrühren und eventuell etwas Wasser zugießen. Chilischote entfernen, das Chutney mit Salz abschmecken, in gut gereinigte Gläser füllen und verschließen (siehe TIPP S. 10).

- 250 G KAROTTEN
- 200 G ZUCKERMELONE
- 30 G INGWER
- 20 G GETROCKNETE CRANBERRIES
- 1 ORANGE
- 1 ZITRONE
- 1 ROTE CHILISCHOTE
- 50 G ROHRZUCKER
- 50 ML APFELESSIG
- ½ TL SENFKÖRNER
- SALZ

TOMATEN-KORINTHENSAUCE

CA. 400 G

Tomaten waschen, kreuzweise einschneiden, 2-3 Minuten in kochend heißes Wasser legen, herausnehmen und häuten. Stielansatz herausschneiden und Tomaten grob würfeln. **Zwiebeln** und Ingwer schälen und mit den Rosinen und Korinthen fein hacken. **Rohrzucker** in einem breiten Topf schmelzen lassen, mit Essig ablöschen und kurz aufkochen, bis der Zucker sich aufgelöst hat. Die übrigen Zutaten zu der Essig-Zuckerlösung geben, gut durchrühren und bei mittlerer Hitze ca. 30 Minuten köcheln lassen. Immer wieder umrühren und eventuell etwas Wasser zugießen. Lorbeerblatt und Gewürznelke entfernen, die Sauce mit Salz und Pfeffer abschmecken, in gut gereinigte Gläser füllen und verschließen.

- 500 G TOMATEN
- 100 G ROSINEN
- 30 G KORINTHEN
- 70 G ROTE ZWIEBELN
- 10 G INGWER
- 30 G ROHRZUCKER
- 60 ML WEISSWEINESSIG
- 20 ML SOJASAUCE
- 1 GEWÜRZNELKE
- 1 LORBEERBLATT
- 1 TL CURRYPASTE
- SALZ, PFEFFER

BBQ-SAUCE

CA. 300 G

Tomaten waschen, kreuzweise einschneiden, 2-3 Minuten in kochend heißes Wasser legen, herausnehmen und häuten. Stielansatz herausschneiden und Tomaten grob würfeln. **Paprikas** und Pepperoni waschen, entkernen und fein würfeln. **Schalotte** und Knoblauchzehen schälen und fein hacken. **Rohrzucker** in einem breiten Topf schmelzen lassen, mit Essig ablöschen und kurz aufkochen, bis der Zucker sich aufgelöst hat. Bis auf Senf und Chilisauce die übrigen Zutaten zu der Essig-Zuckerlösung geben. Gut durchrühren und bei mittlerer Hitze ca. 40 Minuten köcheln lassen. Immer wieder umrühren und eventuell etwas Wasser zugießen. Vor dem Abfüllen **Chilisauce** und Senf unterrühren und das Lorbeerblatt entfernen. Die Sauce mit Salz und Pfeffer abschmecken, in gut gereinigte Gläser füllen und verschließen.

- 1 GRÜNE PAPRIKA
- 1 GELBE PAPRIKA
- 1 ROTE PEPPERONI
- 1 SCHALOTTE
- 2 KNOBLAUCHZEHEN
- 250 G TOMATEN
- 30 G ROHRZUCKER
- 50 ML BALSAMICOESSIG
- 1 EL CHILISAUCE SÜSS-SAUER
- 1 TL SCHARFER SENF
- 1 LORBEERBLATT
- 1 MESSERSPITZE KORIANDER
- 1 MESSERSPITZE PAPRIKA EDELSÜSS
- SALZ, PFEFFER

GRANATAPFELSAUCE

CA.200 G

Apfel waschen, vom Kerngehäuse befreien und grob raspeln. **Granatapfel** halbieren und vorsichtig die Kerne samt Saft herauslösen. Weiße Häutchen entfernen. **Joghurt** löffelweise mit Öl verrühren und mit Obst vermengen. Mit Agavensirup, Salz und Pfeffer abschmecken.

· 1 GRANATAPFEL
· 1 KLEINER APFEL
· 125 G SOJAJOGHURT
· 3 EL SONNENBLUMENÖL
· 1 TL AGAVENSIRUP
· SALZ, PFEFFER

KNOBLAUCHCREME

CA.200 G

Weißbrot in Sojamilch einweichen, **Knoblauch** schälen und fein hacken. Alles in ein hohes Gefäß geben und mit dem Pürierstab pürieren. Das **Öl** löffelweise einfließen lassen, dabei weiter pürieren. Mit Salz und Pfeffer würzig abschmecken.

TIPP: Wer die Creme lieber flüssiger (als Sauce) möchte, einfach etwas Sojajoghurt unterrühren.

· 50 G ENTRINDETES WEISSBROT
· 75 ML SOJAMILCH
· 75 ML MAISKEIMÖL
· 5 KNOBLAUCHZEHEN
· SALZ, PFEFFER

SALSA VERDE

Rucola und Kräuter waschen und grob hacken. **Zitrone** auspressen und mit den übrigen Zutaten in einem hohen Gefäß mit dem Pürierstab zu einer feinen Salsa mixen. Mit Salz und Pfeffer abschmecken.

- · 1 HANDVOLL RUCOLA
- · 5 STÄNGEL PETERSILIE
- · 3 STÄNGEL ZITRONENMELISSE
- · 5 STÄNGEL MAJORAN
- · 1 TL ZITRONENSAFT
- · 40 ML OLIVENÖL
- · 40 ML MAISKEIMÖL
- · 8 KAPERN
- · SALZ, PFEFFER

SALSA ROSSO

Tomaten waschen, kreuzweise einschneiden, 2-3 Minuten in kochend heißes Wasser legen, herausnehmen und häuten. Stielansatz herausschneiden und Tomaten fein würfeln. **Zwiebel** und Knoblauch schälen und fein hacken. Zitrone auspressen, getrocknete Tomaten fein schneiden und mit Olivenöl zu einer sämigen Sauce verrühren. Mit **Tomatenmark**, Basilikum, Salz und Pfeffer würzig abschmecken.

- · 2 VOLLREIFE TOMATEN
- · 5 GETROCKNETE TOMATEN IN ÖL
- · 1 KLEINE ZWIEBEL
- · 1 KNOBLAUCHZEHE
- · 1 TL BASILIKUM GETROCKNET
- · 2 EL OLIVENÖL
- · 1 TL ZITRONENSAFT
- · 2 TL TOMATENMARK
- · SALZ, PFEFFER

HAUPT
· · · · · · · · ·
SPEISEN

DINKEL BRATLINGE

QUER DURCHS GEMÜSEBEET

Dinkel mit Wasser zum Kochen bringen, salzen und 20 Minuten bissfest garen. **Paprika** entkernen, Knoblauch schälen und mit dem übrigen Gemüse fein würfelig schneiden. Den ausgekühlten Dinkel untermengen und mit **Reissahne**, Sojasauce, Chili, Mehl und Semmelbrösel gut vermengen. Mit Salz und Pfeffer würzen. Vier Bratlinge formen, bei Bedarf noch etwas Mehl beifügen. Von allen Seiten gut mit Olivenöl bestreichen und auf dem heißen Rost knusprig braun grillen.

TIPP: BBQ-Sauce (siehe Rezept S. 14) passt gut dazu!

- 100 G DINKEL SCHNELL KOCHEND
- 300 ML WASSER
- ½ TL SALZ
- 1 ROTE PAPRIKA
- 1 STANGENSELLERIE
- 1 KAROTTE
- 1 FRÜHLINGSZWIEBEL
- 3 KNOBLAUCHZEHEN
- 40 G FENCHELKNOLLE
- 50 G ZUCCHINI
- 30 G RUCOLA
- 2 EL REISSAHNE
- 1 EL SOJASAUCE
- 1 EL CHILI SÜSS-SAUER
- 2 EL SEMMELBRÖSEL
- 2 EL MEHL
- SALZ, PFEFFER
- OLIVENÖL ZUM BESTREICHEN

BUTTERNUSS KÜRBIS

IN CURRY-LIMETTENMARINADE MIT BIRNEN UND FEIGEN

Kürbis der Länge nach teilen und von den Kernen befreien. Für die **Curry-Limettenmarinade** alle Zutaten gut verrühren, mit Salz abschmecken und die Schnittseiten des Kürbis damit bestreichen. 20 Minuten ziehen lassen. **Jasminreis** in einem El Olivenöl anschwitzen, mit Wasser aufgießen, salzen und körnig garen. **Champignons** abbürsten, die erdigen Stiele entfernen und blättrig schneiden. Feigen schälen, Birne waschen, Kerngehäuse entfernen und beide mittelfein schneiden. **Schalotten** schälen und mit den Rosmarinnadeln fein hacken. Alle Zutaten mit dem Reis locker vermengen und nach der Marinierzeit in die Kürbisöffnungen füllen. Etwas Olivenöl darüber träufeln und beide Hälften auf eine Grillschale setzen. In ca. 40-45 Minuten bei mittlerer Hitze grillen, bis der Kürbis weich ist. Ab und zu die Oberfläche mit Öl bestreichen. Wer ihn knusprig braun haben will, **Kürbishälften** in Folie packen und die letzten 5 Minuten direkt in die Glut legen. Kürbishälften nochmals vor dem Servieren halbieren.

TIPP: Birnenchutney mit Datteln (siehe Rezept S. 13) passt gut dazu!

CURRY-LIMETTENMARINADE:
· 6 EL MAISKEIMÖL
· 2 EL LIMETTENSAFT
· 1 TL CURRYPULVER
· 1 TL AGAVENSIRUP
· 2 TL ROSINEN GEHACKT
· SALZ

· 1 BUTTERNUSSKÜRBIS (CA. 25 CM)
· 160 G JASMINREIS
· 380 ML WASSER
· 1 EL OLIVENÖL
· 1 TL SALZ
· 100 G CHAMPIGNONS
· 2 SCHALOTTEN
· 1 BIRNE
· 2 FRISCHE FEIGEN
· 1 EL FRISCHER ROSMARIN
· 2 EL ROTE CHILIPASTE
· 2 TL OLIVENÖL

KARTOFFELN

MIT LIEBSTÖCKEL-JOGHURTSAHNE

•

Sojajoghurt am Vorabend in Filtern abrinnen lassen. Kartoffeln waschen und in Salzwasser bissfest garen. Die ausgekühlten **Kartoffeln** sorgsam der Länge nach halbieren und mit einem kleinen Löffel vorsichtig so aushöhlen, dass ein ca. 5mm breiter Rand stehen bleibt. Abgeronnenen Joghurt mit Sojasahne verrühren und mit fein geschnittener **Minze**, Liebstöckel und Lauchringen vermischen. **Knoblauch** schälen, fein hacken und unterrühren. Mit Salz und Pfeffer würzen. Die Kartoffeln mit Joghurtcreme füllen, mit Olivenöl einstreichen und in einer Grillschale auf dem heißen Rost bräunen.

· 4 GROSSE KARTOFFELN
  (A CA.150 G)
· 300 G SOJAJOGHURT
· 3 EL SOJASAHNE
· 2 EL LIEBSTÖCKEL
· 1 EL MINZE
· 2 EL LAUCHRINGE
· 4 KNOBLAUCHZEHEN
· SALZ, PFEFFER
· 2 EL OLIVENÖL

RÄUCHERTOFU

IN ORANGEN-KRÄUTERMA-RINADE MIT PFLAUMEN-CHUTNEYSPIESSEN

Räuchertofu der Dicke nach durchschneiden, dass 4 Portionen entstehen. Für die **Orangen-Kräutermarinade** alle Zutaten gut miteinander verrühren, würzig mit Salz und Pfeffer abschmecken und Tofuscheiben für 4 Stunden darin einlegen. **Bananenblätter** mit Öl bestreichen, die Tofuscheiben darauf verteilen und mit Zahnstochern die Päckchen gut verschließen. Holzspieße für 20 Minuten in kaltes Wasser legen.

Pflaumen waschen, halbieren und entkernen. Auf jeweils einen Holzspieß drei halbierte Pflaumen setzen und jede Hälfte mit 1 TL Pflaumenchutney befüllen. **Zitronen-Zuckersirup** zubereiten und darüber träufeln. In eine Grillschale setzen und auf dem heißen Rost gemeinsam mit den Tofupäckchen ca. 20 Minuten grillen. Tofupäckchen öffnen und mit den Pflaumenspießen anrichten.

TIPP: Pflaumenchutney mit Nelken und Zimt (siehe Rezept S.12) passt gut dazu!

ORANGEN-KRÄUTERMARINADE:
· 4 EL MAISKEIMÖL
· 2 EL APFELESSIG
· 2 EL SOJASAUCE
· 1 EL GEMISCHTE GETROCK-NETE KRÄUTER (ROSMARIN, SALBEI, THYMIAN)
· SAFT VON EINER HALBEN ORANGE
· 1 EL AGAVENSIRUP
· SALZ, PFEFFER

· 400 G RÄUCHERTOFU
· 6 PFLAUMEN
· 12 TL PFLAUMENCHUTNEY (SIEHE REZEPT)
· 2 EL ZITRONENSAFT
· 2 TL ROHRZUCKER
· 1 EL ÖL
· 4 BANANENBLÄTTER 20 X 20 CM
· 16 ZAHNSTOCHER
· 4 HOLZSPIESSE

TOFU

IN ROSMARINMARINADE AUF MEDITERRANEM GEMÜSEBETT

ROSMARINMARINADE:

· 6 EL OLIVENÖL
· 4 EL WEISSWEINESSIG
· 1 EL AHORNSIRUP
· 1 TL GETROCKNETER ROSMARIN
· SALZ, PFEFFER

· 600 G TOFU
· 200 G ZWIEBELN
· 40 G GETROCKNETE TOMATEN IN ÖL
· 16 SCHWARZE OLIVEN OHNE KERN
· 2 PEPPERONI
· 8 TOMATEN
· 4 KNOBLAUCHZEHEN
· 4 EL OLIVENÖL
· 8 TL KAPERN
· 2 TL GETROCKNETER MAJORAN
· 2 TL GETROCKNETER THYMIAN
· SALZ, PFEFFER
· 4 ROSMARINZWEIGE
· 4 ST. ALUFOLIE 20 X 20 CM

Für die **Rosmarinmarinade** alle Zutaten gut miteinander verrühren, würzig mit Salz und Pfeffer abschmecken. **Tofu** kurz waschen und in Küchenkrepp vorsichtig überschüssige Flüssigkeit auspressen. Tofu der Dicke nach durchschneiden und die 4 Scheiben für 4 Stunden in die Marinade legen. **Zwiebeln** und Knoblauch schälen und mit den getrockneten Tomaten, Kapern und Oliven fein hacken. **Pepperoni** und Tomaten waschen, Pepperoni entkernen und fein schneiden, die Tomaten würfeln und mit dem Öl und den übrigen Zutaten vermengen. Mit **Majoran**, Thymian, Salz und Pfeffer würzig abschmecken. Tofu auf den heißen Rost legen und schön knusprig grillen.

Das Gemüse in die Alufolie geben, gut verschließen und ca. 15 Minuten auf den heißen Rost legen. Gemüse mittig auf den Tellern anrichten, den Tofu vorsichtig darauf setzen, mit etwas Olivenöl beträufeln und einem Rosmarinzweig dekorieren.

TIPP: Salsa Verde und Salsa Rosso (siehe Rezept S. 18) passen gut dazu!

TOFUSPIEßE

IN PFIRSICH-LIMETTEN-MARINADE UND NUSSKRUSTE

Für die **Pfirsich-Limettenmarinade** alle Zutaten gut miteinander verrühren, würzig mit Salz und Pfeffer abschmecken. **Tofu** in 8 Würfel schneiden und 4 Stunden marinieren. **Champignons** abbürsten und Stiele entfernen, Frühlingszwiebeln waschen, von Wurzeln und Grün befreien, halbieren und jede Pfirsichhälfte vierteln. **Tofuwürfel** aus der Marinade nehmen und vorsichtig in den gehackten Nüssen wälzen. Champignons, Zwiebelstücke, Pfirsiche, Pflaumen und Tofuwürfel auf den 4 Holzspießen verteilen. Nochmals die Spieße mit der Marinade bestreichen, in eine Grillschale legen und auf dem heißen Rost unter ständigem Wenden grillen, bis alle Zutaten leicht gebräunt sind.

TIPP: Pflaumenchutney mit Nelken und Zimt (siehe Rezept S.12) passt gut dazu!

PFIRSICH-LIMETTENMARINADE:

· 5 EL OLIVENÖL
· 2 EL LIMETTENSAFT
· 2 EL PFIRSICHSAFT
· 1 EL SOJASAUCE
· 2 TL AGAVENSIRUP
· 2 TL SCHARFER SENF
· SALZ, PFEFFER

· 200 G TOFU
· 80 G CHAMPIGNONS
· 4 FRÜHLINGSZWIEBELN
· 4 PFIRSICHHÄLFTEN (DOSE)
· 8 GETROCKNETE PFLAUMEN
· 4 EL GEHACKTE NÜSSE
· 4 HOLZSPIESSE (20 MINUTEN INS WASSER LEGEN)

AUBERGINEN PÄCKCHEN

MIT TOFU IN CHILI-SALBEIMARINADE

●

Für die **Chili-Salbeimarinade** alle Zutaten gut verrühren, würzig mit Salz und Pfeffer abschmecken.
Tofu abbrausen, trocknen, in Würfel schneiden und
ca. 4 Stunden in die Marinade legen. **Knoblauch** und
Schalotte schälen und fein blättrig schneiden. **Auberginen**, Zucchini und Tomaten würfeln, die Kräuter
mit den Tomaten und Oliven hacken. Tofu aus der
Marinade nehmen, mit den übrigen Zutaten und 1
EL Olivenöl vermengen. Mit Salz und Pfeffer würzen.
4 **Bananenblätter** (ca. 25 X 25 cm) zuschneiden, mit
restlichem Olivenöl bestreichen und das Tofugemüse
darauf verteilen. Jedes Päckchen gut mit Zahnstochern
verschließen und auf dem heißen Rost ca. 15 – 20 Minuten grillen.

CHILI-SALBEIMARINADE:

· 5 EL OLIVENÖL
· 3 EL ZITRONENSAFT
· 1 EL AGAVENSIRUP
· 2 EL SWEET CHILI SAUCE
· 1 ROTE CHILI OHNE KERNE
· 3 KNOBLAUCHZEHEN
  GEHACKT
· 5 SALBEIBLÄTTER FEIN
  GESCHNITTEN
· SALZ, PFEFFER

· 200 G TOFU
· 160 G AUBERGINEN
· 2 TOMATEN
· 1 SCHALOTTE
· 4 KNOBLAUCHZEHEN
· 8 ENTSTEINTE OLIVEN
· 1 TL KAPERN
· 4 STÄNGEL BASILIKUM
· 3 STÄNGEL OREGANO
· 1 STÄNGEL ROSMARIN
· 2 EL OLIVENÖL
· SALZ, PFEFFER
· 4 BANANENBLÄTTER
· 16 ZAHNSTOCHER

BALSAMICO-AUBERGINEN

IN KNOBLAUCHMARINADE MIT ROSMARINPOLENTA

Auberginen waschen, der Länge nach teilen und so aushöhlen, dass ein knapp 1 cm dicker Rand stehen bleibt. Auberginen salzen und zugedeckt 10 Minuten ziehen lassen. Für die **Knoblauchmarinade** alle Zutaten gut vermischen und würzig mit Salz und Pfeffer abschmecken. Wasser zum Kochen bringen, salzen und Maisgrieß einrühren. Auf kleiner Flamme ca. 20 Minuten köcheln lassen und dabei immer wieder umrühren.

Polenta beim Auskühlen ebenfalls öfters umrühren. Auberginen trocken tupfen, mit Knoblauchmarinade großzügig bestreichen und 30 Minuten stehen lassen. **Paprika**, Rucola und Rosmarin waschen, Paprika entkernen und alles mit den Oliven fein schneiden. Mit Salz und Pfeffer würzen und unter die Polenta mischen. Diese mit einem Löffel in die Auberginenhälften füllen. Mit restlicher Marinade bestreichen und einem Rosmarinzweig belegen. Auberginen in eine Grillschale setzen und auf dem heißen Rost ca. 15-20 Minuten bräunen.

KNOBLAUCHMARINADE:
- 5 EL OLIVENÖL
- 2 EL BALSAMICO ESSIG
- 1 TL AHORNSIRUP
- 3 KNOBLAUCHZEHEN GEHACKT
- SALZ, PFEFFER

- 2 GROSSE AUBERGINEN
- 12 SCHWARZE OLIVEN OHNE KERN
- 1 EL FRISCHER ROSMARIN
- ½ ROTE SPITZPAPRIKA
- 1 HANDVOLL RUCOLA
- 80 G MAISGRIESS (POLENTA)
- 400 ML WASSER
- 1 TL SALZ
- 4 KLEINE ROSMARINZWEIGE
- SALZ, PFEFFER

TOFUSPIEßE

MARINIERT IN ZITRONEN-MELISSE MIT FEIGEN

Für die **Zitronen-Melissenmarinade** alle Zutaten gut miteinander verrühren, würzig mit Salz und Pfeffer abschmecken. Tofu kurz waschen und in Küchenkrepp vorsichtig überschüssige Flüssigkeit auspressen. **Tofu** in 12 gleich große Stücke teilen und für 4 Stunden in die Marinade legen. **Feigen** kalt abbrausen, trocken tupfen und oben kreuzförmig einschneiden. Feigenöffnungen auseinander drücken und in jede Feige einen halben TL Ahornsirup träufeln. Zitrone auspressen und Saft gleichmäßig in die Feigenöffnungen geben. **Zitronenmelisse** fein schneiden und ebenfalls auf die Feigen verteilen. Jede Feige auf ein vorbereitetes Stück Alufolie stellen und gut verschließen. Tofustücke aus der Marinade nehmen, trocken tupfen, auf die Holzspieße stecken und in einer Grilltasse oder direkt auf dem Rost unter vorsichtigem Wenden bräunen. Gleichzeitig die Feigenpäckchen auf den Rost geben.

TIPP: Rotes Zwiebelchutney mit Feigen (siehe Rezept S. 12) passt gut dazu!

ZITRONEN-MELISSENMARINADE:
- 5 EL SONNENBLUMENÖL
- 2 EL ZITRONENSAFT
- 1 EL ZITRONENMELSSE GEHACKT
- 1 TL AHORNSIRUP
- 10 G INGWER GEHACKT
- 2 KNOBLAUCHZEHEN GEHACKT
- SALZ, PFEFFER

- 300 G TOFU
- 4 FRISCHE FEIGEN
- 2 TL AHORNSIRUP
- 1 ZITRONE
- 4 EL ZITRONENMELISSE
- 4 HOLZSPIESSE (20 MINUTEN INS WASSER LEGEN)
- 4 ST. ALUFOLIE 15 X 15 CM

KARTOFFELN IM ZUCCHINIMANTEL

MIT GEFÜLLTEN PAPRIKAS

Kartoffeln, Paprikas (oder Pepperonis), Tomaten und Frühlingszwiebeln waschen. Kartoffeln in Salzwasser bissfest garen. Von den **Paprikas** (Pepperonis) Deckel abschneiden und entkernen, vom Zucchini der Länge nach 12 sehr dünne Streifen abschneiden. **Frühlingszwiebeln** von Wurzeln und Grün befreien, halbieren oder vierteln. Die gegarten Kartoffeln in jeweils einem Zucchinistreifen einwickeln. **Sojajoghurt** in einem Kaffeefilter (in Sieb gestellt) schon am Vorabend abrinnen lassen. Knoblauchzehen schälen und mit dem Bohnenkraut fein hacken. Joghurt, Rucola, Bohnenkraut, Knoblauch und Sojasahne zu einer Creme verrühren und mit Salz und Pfeffer abschmecken. Mit der **Kräutercreme** Paprikas (Pepperonis) füllen. Kartoffeln, Zwiebeln, Tomaten und Paprikas (Pepperonis) abwechselnd auf die Spieße geben. Mit Olivenöl bestreichen und in einer Grillschale auf den heißen Rost legen. Unter ständigem Wenden die Spieße grillen, bis sie gebräunt sind.

TIPP: Tomaten-Korinthensauce (siehe Rezept S. 14 passt gut dazu!

· 12 SEHR KLEINE KARTOFFELN
· 8 PEPPERONI ODER BABYPAPRIKAS
· 1 KLEINE ZUCCHINI
· 8 COCKTAILTOMATEN
· 4 FRÜHLINGSZWIEBELN
· 150 G SOJAJOGHURT
· 2 KNOBLAUCHZEHEN
· 2 EL RUCOLA FEIN GESCHNITTEN
· 1 TL GETROCKNETES BOHNENKRAUT
· 2 EL SOJASAHNE
· ETWAS OLIVENÖL
· SALZ, PFEFFER
· 4 HOLZSPIESSE (20 MINUTEN INS WASSER LEGEN)

PAPRIKASCHOTEN

MIT PIKANTEM KICHERERBSENMUS

●

Paprikas waschen, Deckel abschneiden und Kerne entfernen. **Kichererbsen** und Bohnen in einem Sieb abtropfen lassen. **Bohnenkraut** und Majoran kurz abbrausen und grob schneiden. **Schalotten** und Knoblauch schälen und fein hacken, Limetten auspressen. Alle Zutaten für die Füllung in ein hohes Gefäß geben, pürieren und mit Salz und Pfeffer würzig abschmecken. Die Paprikas damit füllen, mit Olivenöl einpinseln und in eine Grillschale stellen. Deckel extra hineinlegen. Auf dem heißen Rost ca. 20-25 Minuten grillen.

TIPP: BBQ-Sauce (siehe Rezept S. 14) passt gut dazu!

· 4 PAPRIKAS
· 2 SCHALOTTEN
· 2 KNOBLAUCHZEHEN
· 2 LIMETTEN
· 250 G KICHERERBSEN (AUS DEM GLAS)
· 120 G ROTE ODER SCHWARZE BOHNEN (AUS DER DOSE)
· 4 EL OLIVENÖL
· 1 EL FRISCHES BOHNENKRAUT
· 1 EL FRISCHER MAJORAN
· 1 PRISE GETROCKNETER THYMIAN
· SALZ, PFEFFER
· ETWAS OLIVENÖL

ZUCCHINI

MIT KÜRBISPÜREE

●

Zucchini waschen und trocknen. Kürbis schälen und entkernen (bleiben ca. 300 g) und grob würfeln. **Weißwein** in einen Topf geben und Kürbis darin bissfest garen. Anschließend kurz pürieren. **Zwiebeln**, Knoblauch und Ingwer schälen und hacken. Linsen in einem Sieb abtropfen lassen. **Kürbispüree** mit Linsen, Zwiebeln, Knoblauch, Ingwer und Muskatnuss vermengen und mit Salz und Pfeffer würzen. Die **Zucchini** der Länge nach halbieren und vorsichtig aushöhlen (mit scharfem Löffel), dass ein schmaler Rand stehen bleibt. Die Zucchinihälften mit Kürbispüree füllen. Hälften zusammensetzen, rundum mit Öl bestreichen und eng in Alufolie einwickeln. Auf dem heißen Rost oder direkt in der Glut ca. 10 Minuten grillen und dabei immer wieder wenden. Zucchini aus der Folie packen und mit einem scharfen Messen in 2-3 cm breite Stücke schneiden. Anrichten und mit Brötchen servieren.

Für die **Brötchen** Dinkelmehl, Trockenhefe, Rohrzucker, Salz und gehackte Sonnenblumenkerne vermischen und mit Kürbiskernöl und lauwarmem Wasser gut verkneten. Teig in eine Schüssel geben und zugedeckt an einem warmen Ort 1 Stunde gehen lassen. Nochmals durchkneten, eine Teigrolle formen und diese in 12 Stücke teilen. Brötchen formen, auf ein mit Backpapier ausgelegtes Backblech legen, mit Wasser bestreichen, mit Kürbiskernen und Sesam bestreuen und nochmals 30 Minuten gehen lassen. Bei 200 ° C im vorgeheizten Backrohr auf mittlerer Schiebeleiste ca. 20 Minuten backen.

· 500 G BUTTERNUSS- ODER HOKKAIDOKÜRBIS
· 4 ZUCCHINI
· 100 G LINSEN (DOSE)
· 50 G ZWIEBELN
· 2 KNOBLAUCHZEHEN
· 10 G INGWER
· 2 MESSERSPITZEN MUSKATNUSS
· 150 ML WEISSWEIN
· SALZ, PFEFFER
· 2 EL OLIVENÖL
· 4 STÜCK ALUFOLIE

BRÖTCHEN:
· 250 G DINKELMEHL
· 1 PACKUNG TROCKENHEFE
· ½ TL ROHRZUCKER
· 150 ML LAUWARMES WASSER
· 1 TL SALZ
· 2 EL KÜRBISKERNÖL (ODER ANDERES ÖL)
· 2 EL SONNENBLUMENKERNE GEHACKT
· 1 EL KÜRBISKERNE
· 1 EL SESAM
· 3 EL MEHL ZUM KNETEN

AVOCADOS

MIT FRUCHTIGER ANANASFÜLLUNG

●

Avocados waschen, der Länge nach halbieren, entsteinen und Schnittflächen mit den halbierten Zitronen abreiben. **Zitronen** auspressen, Ananas schälen, von harten Fruchtteilen befreien und in feine Würfel schneiden. **Frühlingszwiebeln** waschen, Wurzelansatz und Grün entfernen und mit Kapern und Koriander fein hacken. **Öl** mit Agavensirup und Reissahne gut verrühren, die fein gehackten Zutaten mit dem Zitronensaft beimengen und mit Salz und Pfeffer würzig abschmecken. Avocados so aushöhlen, dass ein ca. 5 mm breiter Rand stehen bleibt. **Avocadofruchtfleisch** fein würfeln und zur Füllung geben. Avocados damit befüllen, Hälften zusammensetzen und in Folie wickeln. Ca. 8 - 10 Minuten auf die Glut legen und gelegentlich wenden.

TIPP: Pfirsich-Ananaschutney mit Fenchel (siehe Rezept S. 10) passt gut dazu!

· 4 AVOCADOS
· 2 ZITRONEN
· 400 G ANANAS
· 4 EL KAPERN
· 4 FRÜHLINGSZWIEBELN
· 4 EL REISSAHNE
· 4 EL MAISKEIMÖL
· 4 TL AGAVENSIRUP
· 4 EL FRISCHER KORIANDER
· SALZ, PFEFFER
· ALUFOLIE

GEMÜSE ZWIEBELN

IN WEISSWEIN MARINIERT MIT PILZREISFÜLLUNG

●

Für die **Weißweinmarinade** alle Zutaten gut miteinander verrühren, würzig mit Salz und Pfeffer abschmecken. **Zwiebeln** schälen und mit einem spitzen Messer so aushöhlen, dass die äußerste Schale unversehrt bleibt. Zwiebeln 30 Minuten marinieren. **Reis** in einem Sieb waschen, Öl in einem Topf erhitzen, Reis kurz anrösten, mit dem Wasser aufgießen und salzen. Bei niedriger Temperatur Reis körnig garen. **Pilze** sauber abbürsten, Schalotten schälen und beides fein schneiden. 2 EL Sonnenblumenöl in einer Bratpfanne erhitzen, Schalotten darin goldgelb bräunen und Pilze kurz anbraten. In eine Schüssel geben und mit gehackter **Petersilie**, fein geschnittenen **Aprikosen**, Gewürzen und Reis vermengen. Mit Salz und Pfeffer abschmecken. Zwiebeln mit der Reismasse befüllen, in eine Grillschale setzen und mit Erdnussöl beträufeln. Auf dem heißen Grill ca. 20 Minuten bräunen. Man kann auch die ersten 15 Minuten bei indirekter Hitze (mit Grilldeckel) grillen und anschließend jede Zwiebel in Alufolie wickeln und direkt 5 Minuten in die heiße Glut geben.

TIPP: Granatapfelsauce (siehe Rezept S. 16) passt gut dazu!

WEISSWEINMARINADE:
- 5 EL OLIVENÖL
- 5 EL WEISSWEIN
- ½ TL GETROCKNETER OREGANO
- 1 KNOBLAUCHZEHE GEHACKT
- SALZ, PFEFFER

- 4 MITTELGROSSE GEMÜSEZWIEBELN
- 70 G REIS
- 180 ML WASSER
- 1 EL SONNENBLUMENÖL
- ½ TL SALZ
- 100 G PILZE (PFIFFERLINGE, CHAMPIGNONS)
- 2 SCHALOTTEN
- 2 EL SONNENBLUMENÖL
- 2 EL PETERSILIE GEHACKT
- 4 GETROCKNETE APRIKOSEN
- 1 PRISE KÜMMEL
- 1 PRISE MUSKATNUSS
- SALZ, PFEFFER
- ETWAS ERDNUSSÖL

GEGRILLTE ROTE BEETE

UND FEIGEN AUF BLATTSALATE

●

ROSMARINMARINADE:

· 6 EL OLIVENÖL
· 4 EL BALSAMICOESSIG
· 1 EL AHORNSIRUP
· 1 TL GETROCKNETER ROSMARIN
· SALZ, PFEFFER

· 4 MITTELGROSSE ROTE BETE (ROH)
· 2 FENCHELKNOLLEN
· 1 KLEINER RADICCHIO
· 1 GRÜNER SALAT
· 1 HANDVOLL RAPUNZEL
· 100 G PHYSALIS
· 1 EL MEERRETTICH FRISCH GERIEBEN
· 1 EL SENF
· 10 EL OLIVENÖL
· 5 EL BALSAMICOESSIG
· SALZ, PFEFFER

Salate waschen und trocken schütteln. Aus Meerrettich, Senf, Salz, Pfeffer, Essig und Öl ein Dressing zubereiten. **Rosmarinmarinade** vorbereiten. **Rote Bete** schälen, Wurzelansatz wegschneiden und jede in 4-5 mm dicke Scheiben schneiden. **Fenchel** waschen und jeden in 6 Stücke teilen. Rote Bete und Fenchel für 1 Stunde in die Marinade legen. Die abgetropften Gemüsestücke auf dem heißen Rost unter Wenden grillen, bis sie hell gebräunt sind. Salate auf Tellern anrichten, Rote Bete und Fenchel darauf verteilen, mit dem Dressing beträufeln und den **Physalis** dekorieren.

TOMATEN

IN SCHARFER SENF-MARINADE MIT OLIVEN-KRÄUTERSAHNE

Sojajoghurt am Vortag in Kaffeefiltern gut abtropfen lassen. Mit Sojasahne verrühren. Für die **Senfmarinade** alle Zutaten gut verrühren und mit Salz abschmecken.

Kräuter waschen und klein schneiden. **Knoblauch** schälen, Chili waschen, entkernen und alles mit den Oliven fein hacken. Zum Sahnejoghurt geben und mit Salz und Pfeffer abschmecken. **Tomaten** waschen, abtrocknen, Deckel abschneiden und aushöhlen. Mit der Senfmarinade großzügig einstreichen und 20 Minuten ziehen lassen. Tomaten mit der Kräuter-Joghurtcreme befüllen. Mit Olivenöl einstreichen und in eine Grillschale stellen. Auf dem heißen Grill ca. 15 Minuten bräunen.

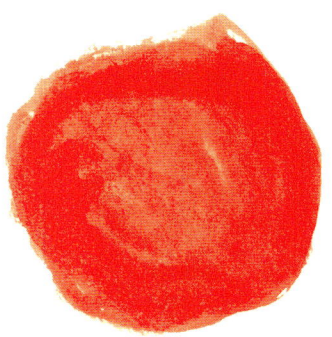

SCHARFE SENFMARINADE:
- 5 EL OLIVENÖL
- 2 EL BALSAMICOESSIG
- 1 EL SCHARFER SENF
- 1 TL GETROCKNETER OREGANO
- 1 TL EINGELEGTER, GRÜNER PFEFFER GEHACKT
- SALZ

- 8 TOMATEN
- 500 ML SOJAJOGHURT
- 4 EL SOJASAHNE
- 8 EL GEMISCHTE KRÄUTER
- (PETERSILIE, BASILIKUM, MAJORAN, THYMIAN)
- 12 SCHWARZE OLIVEN OHNE KERN
- 1 ROTE CHILI
- 6 KNOBLAUCHZEHEN
- SALZ, PFEFFER
- ETWAS OLIVENÖL

GEFÜLLTE CHAMPIGNONS

MIT FRÜCHTEN UND NÜSSEN

Champignons abbürsten, Strünke herausdrehen und Lamellen vorsichtig entfernen. Pilze mit 1 EL Zitronensaft beträufeln. **Knoblauch** schälen und hacken. **Mandeln**, Haselnüsse, Aprikosen ebenso hacken, Tofu fein würfeln. Alles mit Rosmarin, Thymian , 1 EL Öl, 1 EL Zitronensaft und Sojasahne vermengen. Mit Salz und Pfeffer würzen. Mit einem TL die Champignonhüte vorsichtig füllen. Mit restlichem Öl Champignons bestreichen, auf eine Grilltasse setzen und auf dem heißen Rost schön bräunen.

TIPP: Mango-Aprikosenchutney mit Zitronenmelisse (siehe Rezept S. 11) passt gut dazu!

· 8 RIESENCHAMPIGNONS
· 4 KNOBLAUCHZEHEN
· 50 G WEISSE MANDELN
· 50 G HASELNÜSSE
· 30 G INGWER
· 60 G GERTOCKNETE APRIKOSEN
· 100 G TOFU
· 2 TL AGAVENSIRUP
· 1 TL GETROCKNETER ROSMARIN
· 1 TL GETROCKNETER THYMIAN
· 2 EL MAISKEIMÖL
· 2 EL ZITRONENSAFT
· 1 EL SOJASAHNE
· SALZ, PFEFFER
· MAJORAN- ODER THYMIAN- STÄNGEL FÜR DEKORATION

STEINPILZE

MIT POLENTA

●

Knoblauch schälen und pressen. **Erdnussöl** mit Zitronensaft, Rosmarin, Knoblauch verrühren und mit Salz und Pfeffer abschmecken. **Steinpilze** abbürsten, in ca. 1 cm dicke Scheiben schneiden und mit der Marinade großzügig bestreichen. Für die **Polenta** Wasser zum Kochen bringen, salzen und den Maisgrieß zügig einrühren. Temperatur zurückschalten und unter Rühren ca. 20 Minuten köcheln lassen. Polenta auf ein mit Backpapier ausgelegtes Backblech ca. 2-3 cm dick aufstreichen. Auskühlen lassen und mit einer runden Form (Glas) Scheiben ausstechen. Mit Öl bestreichen und auf dem Rost knusprig grillen. **Steinpilze** in Grillschale geben und ebenfalls auf dem Rost 10 Minuten grillen.

TIPP: Knoblauchcreme (siehe Rezept S. 16) passt gut dazu!

- 500 G FRISCHE STEINPILZE
- 6 EL ERDNUSSÖL
- 4 KNOBLAUCHZEHEN
- 1 EL ZITRONENSAFT
- 1 TL GETROCKNETER ROSMARIN
- SALZ, PFEFFER
- 150 G MAISGRIESS (POLENTA)
- 1 TL SALZ
- 1 EL ÖL
- ¾ L WASSER

GEFÜLLTE ROTKOHL BLÄTTER

MIT GLASIERTEN MARONEN

Ahornsirup in einem kleinen Topf erwärmen, Thymianzweige und Maronen darin schwenken. **Rotkraut** in kochendem Salzwasser blanchieren. 8 große, schöne Blätter vorsichtig ablösen, kurz in kaltes Wasser tauchen. Mit Küchenkrepp trocknen, jeweils 2 Blätter übereinander legen und mit etwas Öl einstreichen. **Champignons** abbürsten, Stiele kürzen und blättrig schneiden. **Zwiebel** und Knoblauch schälen und mit der Petersilie fein hacken. **Räuchertofu** in kleine Würfel schneiden, Semmelwürfel ebenfalls etwas feiner hacken. Zwiebel, Knoblauch, Räuchertofu und Semmelwürfel in Olivenöl anbraten, Champignons und Petersilie dazu geben und ca. 5 Minuten alles knusprig braten. Mit Salz und Pfeffer würzen und auf den Rotkrautblättern verteilen. Leicht zusammenrollen und in einer Grillschale schön bräunen.

· 1 ROTKRAUTKOPF
· 400 G RÄUCHERTOFU
· 60 G SEMMELWÜRFEL
· 3 KNOBLAUCHZEHEN
· 1 MITTLERE ZWIEBEL
· 5 CHAMPIGNONS
· ½ BUND PETERSILIE
· 2 EL OLIVENÖL
· SALZ, PFEFFER
· 16 MARONEN GEKOCHT UND GESCHÄLT
· 1 EL AHORNSIRUP
· 4 THYMIANZWEIGE
· 4 STÜCK ALUFOLIE (10 X 10 CM)

LAUCH

MIT SCHARFEM BOHNEN-MAISPÜREE

Lauch waschen, den Stielansatz wegschneiden und die grünen Blätter etwas kürzen. Lauchstangen vorsichtig der Länge nach aufschneiden, die unteren drei Schichten sollen dabei nicht durchgeschnitten werden. Innere Lauchteile herausnehmen. Für die Fülle **Bohnen** und **Mais** in einem Sieb kurz abbrausen, Knoblauch schälen und mit den inneren Lauchteilen grob schneiden. Alles mit Paprikapulver, Chilipulver, Tomatenmark, Curcuma, Bohnenkraut und Sojasahne in ein hohes Gefäß geben und grob pürieren. Mit Salz und Pfeffer abschmecken. Lauch innen und außen mit Öl bepinseln und mit dem Bohnen-Maispüree füllen. In eine Grillschale setzen und auf dem heißen Rost so lange grillen, bis der Lauch weich ist.

- 4 DICKE, KURZE STANGEN LAUCH
- 200 G KIDNEYBOHNEN (DOSE)
- 200 G MAIS (DOSE)
- 4 KNOBLAUCHZEHEN
- ½ CHILISCHOTE
- 2 TL TOMATENMARK
- ½ TL CURCUMA
- 1 TL GETROCKNETES BOHNENKRAUT
- ½ TL PAPRIKAPULVER
- 2 EL SOJASAHNE
- SALZ, PFEFFER
- 2 EL MAISKEIMÖL ZUM BESTREICHEN

TORTILLAS

Für die **Fladen** Mehl mit Backpulver sieben, Salz beifügen und mit Olivenöl und Wasser rasch zu einem Teig verkneten. In einer Schüssel, mit einem Tuch bedeckt, an einem warmen Ort ca. 20 Minuten ruhen lassen. Teig durchkneten und in 8 Stücke teilen. Auf einem Backbrett, das immer mit Mehl bestäubt sein muss, jedes Teigstück zu einem Kreis mit ca. 20 cm Durchmesser 1 mm dünn ausrollen. Auch das Nudelholz mit Mehl bestäuben und nicht verzagen, wenn es etwas mühsam ist. Gelingt garantiert! In einer beschichteten Pfanne ohne Öl jede Flade bei mittlerer Hitze kurz backen, dabei einmal wenden. Nach jeder Flade die Pfanne trocken auswischen (überschüssiges Mehl entfernen). Fertige Fladen in ein vorbereitetes, feuchtes Tuch einschlagen.

TIPP: Die Fladen können schon am Vortag zubereitet werden, wenn nötig, Tuch nochmals anfeuchten.

Knoblauchcreme zubereiten. **Blattsalate** waschen. Für die **Fülle** Zwiebeln und Knoblauch schälen und hacken. **Mais** und Bohnen in einem Sieb abbrausen und abtropfen lassen. Zucchini und Tomaten waschen und würfeln. **Paprikas** waschen, entkernen und in Würfel schneiden. Das Gemüse mit Tomatenmark, Paprikapulver, Salz und Pfeffer würzen. Eine Grillschale mit Olivenöl auspinseln, Gemüse einfüllen und auf dem heißen Rost knackig grillen. Immer wieder durchrühren.
Die Fladen mit der Knoblauchcreme bestreichen, dem Gemüse, Salat und Käse füllen, rollen und vorsichtig auf den Grill legen, bis die Tortillas leicht gebräunt und cross sind.

TIPP: Fülle schmeckt auch lecker, wenn man 100 g Tofu in kleinen Würfeln dazu gibt.

FLADEN (8 STÜCK):
· 240 G WEIZENMEHL UNIVERSAL
· 150 ML LAUWARMES WASSER
· 1 TL WEINSTEINBACKPULVER
· ½ TL SALZ
· 1 TL OLIVENÖL
· MEHL ZUM AUSROLLEN

FÜLLE:
· 120 G ZUCCHINI
· 150 G PAPRIKA (ROT,GELB, GRÜN)
· 100 G ROTE BOHNEN (DOSE)
· 100 G MAIS (DOSE)
· 120 G TOMATEN
· 70 G ZWIEBELN
· 3 KNOBLAUCHZEHEN
· 3 TL TOMATENMARK
· 1 TL PAPRIKAPULVER EDELSÜSS
· 2 EL OLIVENÖL
· SALZ, PFEFFER

· 2 HANDVOLL GEMISCHTE BLATTSALATE
· KNOBLAUCHCREME (SIEHE REZEPT S. 16)
· 100 G VEGANER KÄSE GERIEBEN

PAPAYA

IN INGWER-ZITRONENMARINADE MIT ZIMT-MANDELREIS

●

Für die **Ingwer-Zironenmarinade** alle Zutaten gut miteinander verrühren. Reismilch mit einer Prise Salz aufkochen und Reis darin bissfest garen. **Papaya** der Länge nach halbieren, von Kernen befreien und mit der Ingwer-Zitronenmarinade bepinseln. Den ausgekühlten **Reis** mit gehackten Mandeln, Agavensirup, Zimt, Vanillezucker, Korinthen und Rum vermengen. Die Masse gleichmäßig auf die Papayahälften verteilen. In Folie packen und auf den heißen Rost geben. Nach ca. 15 Minuten Folie öffnen und noch etwas bräunen lassen.

INGWER-ZITRONENMARINADE:
· 1 EL INGWER GEHACKT
· 2 EL ZITRONENSAFT
· 2 EL WEISSWEIN
· 1 TL ROHRZUCKER
· 1 EL SONNENBLUMENÖL

· 1 PAPAYA
· 180 G RUNDKORNREIS
· 375 ML REISMILCH
· 1 PRISE SALZ
· 60 G WEISSE MANDELN
· 2 TL AGAVENSIRUP
· 2 TL ZIMT
· 1 PACKUNG VANILLEZUCKER
· 40 G KORINTHEN
· 2 EL RUM

PILZBURGER

MIT MUSKATNUSS UND PETERSILIE

Für die **Brötchen** alle Zutaten vermengen und auf einer bemehlten Arbeitsfläche gut verkneten. Teig in eine Schüssel geben und zugedeckt an einem warmen Ort 30 Minuten gehen lassen. Nochmals durchkneten, eine Teigrolle formen und diese in 4 Stücke teilen. Brote formen, auf ein mit Backpapier ausgelegtes Backblech legen und nochmals 30 Minuten gehen lassen. Bei 200 ° C im vorgeheizten Backrohr auf mittlerer Schiebeleiste ca. 25 Minuten backen.

Knoblauchcreme vorbereiten und kühl stellen. **Salate** waschen.

Pilze abbürsten und blättrig schneiden. **Schalotten** und Knoblauch schälen, fein würfeln und in Olivenöl kurz mit den Pilzen anbraten. Mit gehackter Petersilie, Semmelbröseln, Mehl, Reissahne, etwas geriebenem Muskat, Salz und Pfeffer vermengen und vier Bratlinge daraus formen. Rundum mit Olivenöl bestreichen und auf dem heißen Rost knusprig braun grillen. Zwiebel schälen, in Ringe schneiden und kurz am Rost bräunen.

Brötchen auseinanderschneiden, mit Knoblauchcreme bestreichen, mit Salat, Bratlingen und Zwiebelringen füllen und Brotdeckel darauf setzen.

BRÖTCHEN:
· 250 G WEIZENVOLLMEHL
· 1 TL SALZ
· ½ TL VOLLROHRZUCKER
· 1 PACKUNG TROCKENHEFE
· 50 G ZERLASSENE MARGARINE
· 190 ML LAUWARME SOJAMILCH
· 1 TL KÜMMEL
· 2-3 EL MEHL ZUM KNETEN

BRATLINGE:
· 2 SCHALOTTEN
· 300 G PILZE (PFIFFERLINGE, CHAMPIGNONS)
· 2 KNOBLAUCHZEHEN
· 4 EL GEHACKTE PETERSILIE
· 60 G SEMMELBRÖSEL
· 2 EL OLIVENÖL
· 1 EL REISSAHNE
· 1 EL MEHL
ETWAS MUSKATNUSS
· SALZ, PFEFFER
OLIVENÖL ZUM BESTREICHEN

· KNOBLAUCHCREME (SIEHE REZEPT S. 16)

· 1 ZWIEBEL
· 1 HANDVOLL GEMISCHTE BLATTSALATE

PILZPÄCKCHEN

MIT BUTTERNUSSKÜRBIS UND WALNÜSSEN

●

Pilze abbürsten und in feine Scheiben schneiden. In 2 EL Olivenöl 5 Minuten anbraten. Kürbis schälen, entkernen und grob reiben. **Frühlingszwiebeln** waschen, Wurzelansatz entfernen und in Scheiben schneiden. **Knoblauch** schälen, mit abgetropften Tomaten, gewaschenen Kräutern, Walnüssen und Kürbiskernen hacken. Alle Zutaten locker vermengen, mit Salz, Muskat und Pfeffer abschmecken. Vier Alufolienstücke vorbereiten, mit Olivenöl bepinseln und die Pilzmasse gleichmäßig darauf verteilen. Etwas Olivenöl darüber träufeln, gut verschließen und auf dem heißen Rost bissfest garen.

TIPP: Schmeckt auch gut, wenn man den Päckchen 100 g marinierten, gewürfelten Tofu beimengt.

· 300 G BUTTERNUSSKÜRBIS
· 80 G FRÜHLINGSZWIEBELN
· 3 KNOBLAUCHZEHEN
· 60 G GETROCKNETE TOMATEN IN ÖL
· 250 G PILZE NACH WAHL
· 4 STÄNGEL MAJORAN
· 1 STÄNGEL OREGANO
· 40 G WALNÜSSE
· 10 KÜRBISKERNE
· 1 PRISE MUSKATNUSS
· 4 EL OLIVENÖL
· SALZ, PFEFFER
· ALUFOLIE

ASIA

GEMÜSEPÄCKCHEN

IN CURRY-LIMETTENMARINADE

•

Für die **Curry-Limettenmarinade** alle Zutaten gut miteinander verrühren und mit Salz abschmecken. **Tofu a**bbrausen, trocknen, klein würfelig schneiden und 4 Stunden in die Marinade legen. **Pilze** abbürsten, Bambussprossen und Sojakeimlinge aus der Dose geben und in einem Sieb abtropfen lassen. **Ingwer** schälen, Paprika entkernen und das ganze Gemüse nicht allzu klein schneiden. Mit 1 EL Sonnenblumenöl, Agavensirup, Sojasauce und Salz gut abschmecken und die Tofuwürfel untermengen. 4 **Bananenblätte**r (ca. 25 X 25 cm) vorbereiten, mit restlichem Öl bestreichen, das Gemüse gleichmäßig darauf portionieren und mit Zahnstochern die Päckchen gut verschließen. Auf dem heißen Rost ca. 15 – 20 Minuten grillen.

CURRY-LIMETTENMARINADE:
· 6 EL MAISKEIMÖL
· 2 EL LIMETTENSAFT
· 1 TL CURRYPULVER
· 1 TL AGAVENSIRUP
· 2 TL ROSINEN GEHACKT
· SALZ

· 4 CHAMPIGNONS ODER SHIITAKE PILZE
· 2 FRÜHLINGSZWIEBELN
· 100 G STANGENSELLERIE
· 50 G KAROTTEN
· 100 G SOJAKEIMLINGE (DOSE)
· 60 G BAMBUSSPROSSEN (DOSE)
· 10 G INGWER
· 80 G ROTER PAPRIKA
· 120 G TOFU
· 2 EL SOJASAUCE
· 2 EL SONNENBLUMENÖL
· 1 TL AGAVENSIRUP
· SALZ
· 4 BANANENBLÄTTER
· 16 ZAHNSTOCHER

TOFU FRUCHTSPIEßE

IN INGWER-ZITRONENMARINADE

●

Für die **Ingwer-Zitronenmarinade** alle Zutaten gut verrühren. **Tofu** kalt abbrausen, in Küchenkrepp auspressen und in 12 gleiche Stücke teilen. Tofu für 4 Stunden in die Marinade legen. **Ananas** und **Mango** schälen und von beiden Früchten je 4 Stücke a 40 g herausschneiden. Tofu aus der Marinade nehmen, trocken tupfen und mit den Obststücken abwechselnd auf die Holzspieße aufreihen. Mit restlicher Marinade bestreichen, Spieße in eine Grillschale legen und auf dem heißen Rost unter ständigem Wenden grillen, bis der Tofu gebräunt ist.

TIPP: Mango-Aprikosenchutney mit Zitronenmelisse (siehe Rezept S. 11) passt gut dazu!

INGWER-ZITRONENMARINADE:

· 1 EL INGWER GEHACKT
· 2 EL ZITRONENSAFT
· 2 EL WEISSWEIN
· 1 TL ROHRZUCKER
· 1 EL SONNENBLUMENÖL

· 300 G TOFU
· 160 G ANANAS
· 160 G MANGO
· 4 HOLZSPIESSE (20 MINUTEN INS WASSER LEGEN)1 PACKUNG TROCKENHEFE
· 1 ½ TL SALZ
· 2 EL ÖL
· 3 EL GESCHROTETER LEINSAMEN
· 1 TL KÜMMEL
· 1 TL FENCHEL
· 1 TL ANIS
· 250 ML REISMILCH
· 100 ML REISSAHNE

BEILAGEN

STOCKBROT

Mehl mit Trockenhefe vermischen und mit den übrigen Zutaten vermengen. Mit dem Handrührgerät (Knethaken) ca. 5 Minuten bearbeiten. Zugedeckt an einem warmen Ort gehen lassen. Stöcke mit Alufolie umwickeln, den Teig nochmals durchkneten und in 6 Teile portionieren. Rollen daraus formen und jede Teigrolle, von der Stockspitze beginnend, um einen Stock wickeln. **Stockbrote** an den Stockenden über die heiße Glut halten oder auf dem Grill 10- 15 Minuten unter häufigem Wenden backen.

- 250 G WEIZENVOLLMEHL
- 2 PACKUNGEN TROCKENHEFE
- 2 TL SALZ
- ½ TL ROHRZUCKER
- 3 TL BOCKSHORN-KLEE (ODER ANDERES BROTGEWÜRZ)
- 350 ML LAUWARMES WASSER
- 6 STÖCKE (50 – 60 CM LANG)
- ALUFOLIE ZUM UMWICKELN

ROSMARIN FLADENBROT

Mehl mit der Trockenhefe sieben, mit Salz, Zucker und Rosmarin mischen und mit Wasser und Öl verkneten. In einer mit einem Tuch abgedeckten Schüssel den Teig an einem warmen Ort gehen lassen, bis er sein Volumen verdoppelt hat. Nochmals gut kneten und auf einem bemehlten Backbrett in 4- 6 Stücke teilen. Jedes Teigstück zu einem Fladen ausrollen, mit einer Gabel mehrmals einstechen und beidseitig gut mit Olivenöl einpinseln. Auf den heißen Rost legen, zuerst auf der Unterseite grillen, dann wenden und fertig backen.

TIPP: Man kann auch 10 gehackte schwarze Oliven unter den Teig kneten.

- 400 G DINKELMEHL
- 100 G DINKELVOLLMEHL
- 2 PACKUNGEN TROCKENHEFE
- 2 TL SALZ
- 1 TL ROHRZUCKER
- 2 EL OLIVENÖL
- 2 TL GETROCKNETER ROSMARIN
- 350 ML LAUWARMES WASSER
- 3 EL OLIVENÖL ZUM BESTREICHEN

LIMETTEN PFEFFER AUFSTRICH

Limette heiß waschen, abtrocknen und Schale abreiben. Margarine schaumig rühren, Walnüsse fein hacken, Pfeffer fein schneiden und mit der Limettenschale zu einer Creme verrühren. Mit Salz und Pfeffer würzen.

· 100 G HALBFETTMARGARINE
· 1 LIMETTE
· 50 G WALNÜSSE
· 2 TL EINGELEGTER PFEFFER
· SALZ , PFEFFER

TOMATEN BASILIKUM AUFSTRICH

Margarine schaumig rühren, Oliven, abgetropfte Tomaten und Basilikum fein hacken und mit dem Tomatenmark vemengen. Mit Salz und Pfeffer würzig abschmecken.

· 100 G HALBFETTMARGARIN
· 3 EL GETROCKNETE TOMATEN IN ÖL
· 2 STÄNGEL FRISCHER BASILIKUM
· 5 OLIVEN
· 1 EL TOMATENMARK
· SALZ, PFEFFER

GEGRILLTE MAISKOLBEN
MIT KRÄUTERBUTTER

Maiskolben mit Olivenöl einstreichen und am Rand des Grillrosts unter Wenden so lange grillen, bis die Maiskörner weich sind. Für die Chili-Majoranbällchen **Pepperoni** und Chilischote waschen und entkernen. **Knoblauchzehen** schälen und alles mit den Majoranblättchen fein schneiden. **Halbfettmargarine** schaumig rühren, mit den Zutaten vermengen und mit Salz und Pfeffer würzen. Bällchen daraus formen und bis zum Servieren kalt stellen.

· 4 MAISKOLBEN
· 100 G HALBFETTMARGARINE
· 1 KLEINE ROTE CHILISCHOTE
· 1 KLEINE PEPPERONI
· 2 KNOBLAUCHZEHEN
· 2 EL MAJORANBLÄTTCHEN
· SALZ, PFEFFER
· 1 EL OLIVENÖL

SCHMORTOMATEN

MIT INGWER-KNOBLAUCHBROT

Für die **Schmortomaten** Knoblauch schälen, fein hacken und mit Olivenöl, Balsamicoessig und Salz verrühren. Tomaten damit einpinseln und in eine Grillschale geben. **Olivenöl**, Ingwer, Knoblauch und eine Prise Salz verrühren und das **Roggenbrot** damit bestreichen. Die Brotscheiben direkt auf den heißen Rost legen und knusprig braun grillen. Die Tomaten so lange grillen bis sie weich sind und die Haut aufplatzt.

· 4 GROSSE TOMATEN MIIT RISPE
· 2 KNOBLAUCHZEHEN
· 2 EL OLIVENÖL
· 1 EL BALSAMICOESSIG
· 1 TL GROBES MEERSALZ
· 4 SCHEIBEN ROGGENBROT
· 2 TL OLIVENÖL
· 1 TL GEHACKTER INGWER
· 1 TL GEHACKTER KNOBLAUCH
· SALZ

ZWEIERLEI KÜRBISSE

IN CHILI-SALBEIMARINADE MIT KERNÖLDIP

Für die **Chili-Salbeimarinade** alle Zutaten gut verrühren und mit Salz und Pfeffer würzig abschmecken. **Piena di Napoli Kürbis** in Scheiben, Hokkaido in Spalten schneiden, Kerne entfernen. Die Kürbisse gut mit der Marinade bestreichen und 20 Minuten einziehen lassen. In eine Grillschale legen und auf dem heißen Rost solange grillen, bis sie weich und gebräunt sind. Für den Dip den **Sojajoghurt** in einem Kaffeefilter gut (über Nacht) abrinnen lassen. Mit Kürbiskernöl, gehackten Kürbiskernen, gehacktem Knoblauch verrühren und mit Salz und Pfeffer würzen.

CHILI-SALBEIMARINADE:
· 5 EL OLIVENÖL
· 3 EL ZITRONENSAFT
· 1 EL AGAVENSIRUP
· 2 EL SWEET CHILI SAUCE
· 1 ROTE CHILI OHNE KERNE
· 3 KNOBLAUCHZEHEN GEHACKT
· 5 SALBEIBLÄTTER FEIN GESCHNITTEN
· SALZ, PFEFFER

· ½ HOKKAIDO KÜRBIS
· 400 G PIENA DI NAPOLI KÜRBIS
· 150 G SOJAJOGHURT
· 50 ML KÜRBISKERNÖL
· 10 G KÜRBISKERNE
· 2 KNOBLAUCHZEHEN
· SALZ, PFEFFER

BEILAGEN

WURZELGEMÜSE

IN INGWER-MINZENMARINADE

Für die **Ingwer-Minzenmarinade** alle Zutaten gut verrühren und mit Salz und Pfeffer würzig abschmecken. **Wurzelgemüse** und Birnen waschen, putzen und in mundgerechte Stücke teilen. Großzügig mit der Marinade bestreichen und ca. 20 Minuten darin ziehen lassen. Auf eine Grilltasse geben und auf dem heißen Rost unter Wenden knusprig grillen.

INGWER-MINZENMARINADE:

· 4 EL ERDNUSSÖL
· 2 EL LIMETTENSAFT
· 1 EL AGAVENSIRUP
· 1 EL PFEFFERMINZE GEHACKT
· 10 G INGWER GEHACKT
· ¼ ROTE CHILI GEHACKT
· SALZ, PFEFFER

· 6 KAROTTEN
· 2 FENCHELKNOLLEN
· 4 PETERSILIENWURZELN
· ½ SELLERIEWURZEL
· 2 BIRNEN
· 1 TL KÜMMEL

MEDITERRANES GEMÜSE

IN ROTWEINMARINADE

Rotwein und Olivenöl verrühren, mit Salz und Pfeffer würzen. **Paprikas** waschen und putzen. **Zwiebeln** und Knoblauch schälen und das Gemüse in mundgerechte Stücke teilen. In die Rotweinmarinade legen und 20 Minuten ziehen lassen. Auf eine Grilltasse geben und auf dem heißen Rost unter Wenden knusprig grillen.

· 2 ROTE, 2 GRÜNE, 2 GELBE PAPRIKAS
· 2 ROTE ZWIEBELN
· 4 FRÜHLINGSWIEBELN
· 8 KNOBLAUCHZEHEN
· 3 EL ROTWEIN
· 3 EL OLIVENÖL
· SALZ, PFEFFER

APFEL-ANANAS TÜRMCHEN

MIT JOGHURTCREME UND ORANGENSIRUP

Frische Ananas schälen, 8 Scheiben (ca. 1 cm dick) davon abschneiden, harte Mittelteile rund ausstechen. Scheiben aus der Dose sehr gut abrinnen lassen, mit Küchenkrepp nochmals trocken tupfen. **Äpfel** waschen, trocknen, Kerngehäuse rund ausstechen und jeden Apfel in 5 Scheiben teilen (nur die mittleren 3 verwenden). Obstscheiben dünn mit Öl bestreichen. Für die Joghurtcreme Sojajoghurt, Orangenschale und Puderzucker verrühren. **Agar Agar** 3-4 Minuten in 2 EL Wasser quellen lassen und in einem kleinen Topf unter Rühren kurz aufkochen. 2 El Joghurtmasse zum Agar Agar geben, gut verrühren und das Ganze rasch unter die restliche Joghurtmasse rühren. **Sprühsahne** dazugeben und nochmals alles gut verrühren, dabei zügig arbeiten, damit es keine Geleeklümpchen gibt. Die Joghurtcreme zugedeckt für mindestens 6 Stunden in den Kühlschrank geben.

Für den **Orangensirup** in einem kleinen Topf Orangensaft mit Zucker und der Zimtstange aufkochen und so lange auf niedriger Stufe köcheln lassen, bis er sirupartig eindickt. Vom Herd nehmen, **Zimtstange** entfernen und mit dem Cointreau verfeinern. Den Sirup kann man auch schon vorzeitig zubereiten, man muss ihn nur rechtzeitig auf einer Seite des Grills warm machen.

Die **Obstscheiben** auf den heißen Rost legen, kurz anbräunen und wenden. Auf Tellern abwechselnd turmartig anrichten. Erst kurz vor dem Servieren Joghurtcreme aus dem Kühlschrank nehmen, mit einem Teelöffel eine Nocke abstechen, jedes Obsttürmchen damit garnieren und mit Orangensirup und Orangenschale garnieren.

TÜRMCHEN:
· 3 ÄPFEL
· 8 SCHEIBEN ANANAS (FRISCH ODER DOSE)
· ETWAS SONNENBLUMENÖL

JOGHURTCREME:
· 125 ML SOJAJOGHURT
· 125 ML SOJASAHNE (SPRÜHSAHNE)
· 40 G PUDERZUCKER
· 1 TL ORANGENSCHALE
· 3 G AGAR AGAR

ORANGENSIRUP:
· 100 ML ORANGENSAFT (FRISCH GEPRESST)
· 100 G ZUCKER
· 1EL COINTREAU
· ½ ZIMTSTANGE (CA. 5 CM)
· ETWAS ORANGENSCHALE (ZESTEN)

SÜDFRÜCHTE
AM SPIESS MIT ZITRONENCREME

●

Limettensaft und Agavensirup verrühren. **Mango** schälen, 12 mundgerechte Stücke um den Kern herum abschneiden, Ananasscheiben in 8 Stücke teilen. **Melone** entkernen, schälen und ebenfalls in 12 Stücke teilen. **Obst** auf 4 Holzspieße stecken und mit Limettenmarinade bestreichen. In eine Grillschale legen, auf dem heißen Rost bräunen und dabei immer wieder wenden.

Für die **Zitronencreme** Sojajoghurt über Nacht in Kaffeefiltern abrinnen lassen. Mit den übrigen Zutaten verrühren und nochmals abschmecken. Bei Bedarf nachsüßen.

- 1 MANGO
- 2 SCHEIBEN ANANAS
- ½ ZUCKERMELONE
- 2 EL LIMETTENSAFT
- 2 EL FUDERZUCKER
- 1 TL AGAVENSIRUP
- 4 HOLZSPIESSE (FÜR 20 MINUTEN INS WASSER LEGEN)

ZITRONENCREME:
- 500 G SOJAJOGHURT
- 1 TL AGAVENSIRUP
- 2 TL ABGERIEBENE ZITRONENSCHALE
- 2 EL ZITRONENSAFT
- 2 PACKUNGEN VANILLEZUCKER
- 3 EL SOJASAHNE

BANANEN
IN LIMETTENSIRUP MIT NUSSKROKANT

●

In einem Topf **Zucker** goldgelb schmelzen, die gehackte Nüssen unterrühren und karamellisieren lassen. **Nüsse** auf Backpapier geben, erkalten lassen und grob hacken. **Bananen** schälen. **Limette** auspressen, mit Ahornsirup und Erdnussöl verrühren und Bananen damit einstreichen. Bananen in eine Grillschale legen und auf dem heißen Rost unter vorsichtigem Wenden grillen. **Nusskrokant** auf die gegrillten Bananen verteilen

- 4 BANANEN
- 1 LIMETTE
- 1 TL AHORNSIRUP
- 1 EL ERDNUSSÖL
- 50 G GEMISCHTE GEHACKTE NÜSSE
- 4 EL ZUCKER
- 1 BOGEN BACKPAPIER

BRATAPFEL

MIT GRANATAPFELFÜLLUNG

Granatapfel halbieren, Kerne vorsichtig herauslösen, dabei weiße Häutchen entfernen. **Zitronenschale**, zerbröselten Zwieback, ausgekratztes Vanillemark, Agavensirup und Zitronensaft verrühren. Die **Granatapfelkerne** mit den Haselnüssen untermengen. Von jedem Apfel einen Deckel abschneiden. Kerngehäuse ausstechen und die Äpfel so aushöhlen, dass ein ca. 1 cm breiter Rand stehen bleibt. **Fruchtfleisch** von einem Apfel fein würfeln und zur Fülle geben. Diese nochmals abschmecken und die Äpfel damit befüllen. **Äpfel** mit Margarine bestreichen, mit Zucker bestreuen und in Folie einwickeln. In der Glut oder auf dem Rost unter mehrmaligem Wenden bissfest grillen.

· 4 ÄPFEL
· 1 GRANATAPFEL
· 2 EL ZITRONENSAFT
· 1 TL ZITRONENSCHALE
· 1 VANILLESTANGE
· 1 TL AGAVENSIRUP
· 40 G ZWIEBACK
· 20 G GEHACKTE HASELNÜSSE
· ETWAS MARGARINE
· 2 EL VOLLROHRZUCKER
· 4 STÜCK ALUFOLIE

PFIRSICHE

IN AGAVENSIRUP MIT VANILLE-AMARETTOEIS

Vanilleeis aus dem Gefrierfach nehmen und etwas antauen lassen. **Amaretto** gut unterrühren und nochmals kurz ins Gefrierfach geben. **Mandelblättchen** in einer beschichteten Pfanne goldbraun rösten. **Pfirsiche** waschen, trocknen, vorsichtig halbieren und Kerne entfernen. Die Schnittseiten mit Agavensirup bestreichen und mit der planen Fläche nach unten in eine Grillschale setzen. Auf dem heißen Rost ca. 8 Minuten grillen, umdrehen und nochmals 5 Minuten braten. **Pfirsichhälften** auf Tellern anrichten, Eis dazugeben und mit den Mandelblättchen bestreuen.

· 2 GROSSE REIFE PFIRSICHE
· 1 TL AGAVENSIRUP
· 4 EL MANDELBLÄTTCHEN
· 4 KUGELN VEGANES VANILLEEIS
· 1 TL AMARETTO

SCHOKOLADEN FONDUE

DER EINFACHE KLASSIKER - SCHOKOLADENFONDUE AM GRILL

●

Früchte mundgerecht schneiden und mit Zitronensaft beträufeln (damit sie nicht braun werden). Schokolade grob zerteilen, in eine Aluschale füllen und auf den Grillrost stellen (es darf nur mehr milde Restwärme der verglühten Holzkohle vorhanden sein). Die geschmolzene Schokolade mit der Hafersahne verrühren, Fruchtstücke aufspießen und kurz in die Schokolade tauchen.

TIPP: Nur gut gekühlte Früchte, die einen festen Biss haben, verwenden. Für Erwachsene kann man die Schokolade auch mit Rum oder Cointreau verfeinern.

· 400 G VEGANE SCHOKOLA-DE ODER KUVERTÜRE
· 100 ML HAFERSAHNE
· 8 ERBEEREN
· 2 SCHEIBEN ANANAS
· ½ MANGO
· ¼ ZUCKERMELONE
· 1 BANANE
· ODER OBST NACH BELIEBEN
· ETWAS ZITRONENSAFT
· FONDUEGABELN
· ALUSCHALE (NICHT GESTANZT)

REGISTER

IMPRESSUM

© Neun Zehn Verlag Walter Unterweger
Kreuzstraße 21, 13187 Berlin - Germany
www.neunzehn-verlag.de

1. Auflage 2013
ISBN 978-394-249-12-28
Printed 2013

Photographie: all images © Arnold Pöschl
www.arnoldpoeschl.com

Text und Arrangement: Kristina Unterweger
Gestaltung: Jannis Schulze